CONSIDÉRATIONS

SUR

L'ÉTAT DE L'EUROPE.

CONSIDÉRATIONS

SUR

L'ÉTAT DE L'EUROPE,

SUR LES RÉSULTATS QUI PEUVENT NAITRE

DU

TRAITÉ DE PRESBOURG,

Et sur la nécessité où était la France d'augmenter sa puissance pour se remettre en équilibre avec les grands Etats de l'Europe, et pour pouvoir y maintenir la paix ;

Par M. le Colonel TOUSARD, Officier de la Légion d'honneur, commandant le corps impérial du Génie au 3.ᵉ corps de la Grande Armée.

———

A ANVERS,

Chez Allené, Imprimeur, rue Bonaparte, n.º 702.

1806.

CONSIDÉRATIONS

SUR

L'ÉTAT DE L'EUROPE,

SUR LES RÉSULTATS QUI PEUVENT NAÎTRE

DU

TRAITÉ DE PRESBOURG,

Et sur la nécessité où se trouvait la France d'augmenter sa puissance pour se mettre en équilibre avec les grands États de l'Europe, et pour y maintenir la paix.

Il est dans la destinée de l'Empereur des Français de se rendre, par ses victoires et par sa modération, l'arbitre du sort de l'Europe, comme il est par ses vertus la source du bonheur et de la gloire de la France. Je ne veux pas retracer toutes les époques célèbres, dont il a marqué sa vie politique et militaire ; le calme rendu à

A

la France , son culte relevé , un Gouvernement
sage , ferme et modéré , tout à la fois établi sur
les débris amoncelés par l'anarchie ; la paix
rendue à l'Europe au milieu des triomphes les
plus glorieux ; ces faits sont si récens, qu'il sont
tous présens à notre mémoire et gravés dans nos
cœurs par la reconnaissance. Je veux signaler
une nouvelle époque qui va dériver de ses nouvelles victoires et de la plus étonnante campagne
dont l'histoire puisse retracer le souvenir. Nous
l'avons vu et nous pouvons à peine le croire :
cette maison d'Autriche si glorieuse , si puissante , qui fit tant de fois trembler l'Allemagne
et même l'Europe pour sa liberté ; qui fut ,
presque dès son origine , l'ennemie constante de
la France ; abattue dans une campagne de deux
mois, a vu ses États envahis , sa capitale conquise et ses armées détruites , malgré les secours
puissans de deux grands Empires ; et elle ne
doit qu'à la générosité de Napoléon l'existence
encore brillante qu'elle a conservée.

Une victoire remportée par ce grand homme
sur les deux plus puissans empereurs de l'Europe , qui commandaient eux-mêmes leurs armées , vient d'asseoir la liberté de l'Allemagne

sur des bases nouvelles et inébranlables. A sa voix de nouveaux trônes s'élèvent, et ceux qui osent tenter quelques efforts contre lui tombent sous son bras redoutable.

L'Europe a changé sa forme politique ; la balance qu'on avait cherché à y établir, se compliquait d'une multitude de petits intérêts et de petites puissances, toujours le jouet des grandes, et dont l'indépendance était illusoire. La destruction du trône de Pologne avait commencé à renverser cette prétendue balance ; le mouvement imprimé à la révolution française par la coalition des puissances de l'Europe, a complété sa destruction, en faisant disparaître plusieurs Etats, qui tous avaient leur place dans ce systême. Il fallait en établir un autre, et l'on peut dire que le traité de Luneville, dicté plus par la générosité de l'Empereur que par sa politique, avait manqué ce but. On l'a forcé de conquérir le droit de donner à l'Europe une forme plus stable, et c'est le fruit qu'il a retiré de ses victoires. Quelles seront les conséquences de ces faits mémorables et de la nouvelle situation de l'Europe ?... Voilà ce que je cherche à préjuger : mais avant je veux jeter un coup-d'œil sur les événemens principaux du 18.e siècle , montrer les grands changemens qu'ils avaient amenés , et ceux qu'ils préparaient encore , si la main puissante de NAPOLÉON ne les avait arrêtés.

A l'ouverture de ce siècle , l'Europe était déchirée par une guerre allumée par le testament de Charles II , roi d'Espagne , mort depuis peu , qui avait appelé à la succession de ses nombreux Etats , Philippe , duc d'Anjou , petit-fils de Louis XIV. La France , sans autre allié dans l'Europe que l'électeur de Bavière , faisait tête à une puissante coalition dont *la maison d'Autriche et l'Angleterre étaient les principaux moteurs.* Après avoir eu des succès brillans au début de cette guerre , elle se vit réduite , par plusieurs campagnes malheureuses , aux plus cruelles extrémités ; mais Villars , battant les alliés à Denain , ramena la victoire sous ses drapeaux , et lui fit conclure le traité d'Utrecht en 1713 avec la coalition , et en 1714 celui de Radstadt avec l'Empereur , qui avait voulu continuer seul cette guerre. Philippe V renonça à la succession au trône de France , et garda la monarchie espagnole , mais il céda à l'Empereur , pour l'indemniser de ses droits , les Pays-Bas , le Luxembourg et tous ses Etats d'Italie , à l'exception de la Sicile , qui fut donnée comme royaume au duc de Savoye, et que peu de temps après celui-ci changea contre la Sardaigne. Les Anglais gardèrent Minorque et Gibraltar , quoiqu'ils se fussent obligés à rendre cette dernière place.

Louis XIV mourut en 1715, et le duc d'Orléans prit la régence du royaume. Philippe V, qui voyait cette couronne chancelante sur la tête d'un faible enfant, semblait regretter d'y avoir renoncé. Alberoni, son ministre , depuis cardinal, homme d'un génie entreprenant, voulait lui faire obtenir la régence et il intriguait en France pour y parvenir.

D'un autre côté ce ministre voulait le faire rentrer dans les Etats d'Italie, qu'il avait été obligé de céder, et la circonstance semblait favorable : l'Empereur était occupé d'une guerre contre les Turcs ; il ne croyait pas que l'Angleterre s'y opposât, d'ailleurs il comptait lui donner de l'occupation chez elle, en y faisant descendre le prétendant ; et il ne pensait pas que le régent de France voulut armer contre un prince de sa maison. Il fit de très-puissans préparatifs, équipa une belle armée, arma une flotte et se jeta sur la Sardaigne, qu'il envahit en 1717 : la Sicile presqu'entière subit le même sort en 1718. L'Empereur, se voyant attaqué, conclut la paix avec les Turcs à Passarowitz, et une alliance avec la France et l'Angleterre, qui s'appela la quadruple alliance, par l'accession de la Hollande en 1719. On y renouvelait la nécessité des renonciations, et l'on y stipula la réversion de la Toscane, de Parme et Plaisance, aux enfans que Philippe V avait eu de sa seconde femme, héritière de ces deux derniers duchés.

Il parut singulier de voir la France s'unir avec ses plus cruels ennemis contre le roi d'Espagne, pour l'établissement duquel elle avait sacrifié ses trésors et versé des flots de sang, et qui devait être son allié naturel ; mais l'inquiétude que d'Alberoni causait au duc d'Orléans lui fit contracter cette étrange alliance ; et bientôt après, ayant découvert une conjuration, qui avait pour but de lui ôter la régence, il déclara la guerre en 1719 à l'Espagne. Philippe V, trop faible contre tant d'ennemis, accéda en 1720 au traité de la quadruple alliance et rendit ses conquêtes. Ce fut alors que le duc de Savoye eut la Sardaigne en place de la Sicile.

En 1733 la mort d'Auguste II, électeur de Saxe, roi de Pologne, ayant fait vaquer ce trône, Louis XV forma le projet d'y faire remonter Stanislas Leczinski, son beau-père, que Charles XII avait fait élire roi de Pologne lorsqu'il détrôna Auguste, et qui fut ensuite chassé après les disgraces du monarque suédois. Stanislas fut élu presque unanimement par la diète, mais *l'empereur d'Allemagne avait fait une alliance avec l'impératrice Anne de Russie* pour s'opposer à cette élection. Ils placèrent sur le trône le nouvel électeur de Saxe, Auguste III. Stanislas eut beaucoup de peine de s'échapper de leurs mains : Louis XV indigné déclara la guerre à l'Empereur. Elle fut courte, et se termina à la fin de 1735 par la cession de la Lorraine au roi Stanislas, avec réversion à la France après sa mort. La maison de Lorraine eut la Toscane en échange, et les royaumes de Naples et de Sicile, qui avaient été conquis, furent cédés à l'infant d'Espagne don Carlos.

Ce fut dans cette occasion que l'on vit pour la première fois la Russie se mêler des guerres de l'Europe ; alliée de l'Autriche, elle envoya un corps de 10,000 hommes à l'armée que le prince Eugène de Savoye commandait sur le Rhin.

Depuis long-temps la Russie avait des projets d'agrandissemens aux dépens de la Turquie ; elle y associa l'empereur d'Allemagne ; ils voulurent profiter du moment où elle était en guerre avec la Perse, et ils l'attaquèrent en Hongrie et en Tartarie ; mais l'Empereur fit une guerre très-malheureuse ; et en 1739, ils conclut précipitamment la paix, qui lui coûta Belgrade. Les Russes, qui avaient été vainqueurs, furent obligés d'en faire autant, et ils rendirent leurs conquêtes.

La paix de l'Europe ne dura pas long-temps ; la mort de l'empereur d'Allemagne Charles VI, arrivée en 1740, fit naître une nouvelle guerre. Il ne laissait que des filles : de nombreuses prétentions s'élevèrent sur sa succession ; la France soutint celles de l'électeur de Bavière, qu'elle fit élire empereur sous le nom de Charles VII. Elle n'était d'abord qu'auxiliaire dans cette guerre, mais elle ne tarda pas à y jouer le rôle principal. L'Angleterre et la Hollande s'unirent

à

à l'Autriche, tandis que Louis XV n'avait pour alliés que l'Espagne et la Prusse ; mais celle-ci qui faisait la guerre ou la paix suivant que son intérêt le lui dictait, ne lui était pas d'un grand secours.

L'héritière de Charles VI, Marie-Thérèse, épouse de François, duc de Lorraine, qu'elle fit élire empereur à la mort de Charles VII et qui devint la tige de la nouvelle maison d'Autriche, poussait la guerre avec toute l'animosité que lui inspirait la haine héréditaire de sa maison contre la France. Quelques succès brillans l'encouragèrent d'abord, mais elle en vit bientôt le terme. Les Pays-Bas furent conquis à la suite de plusieurs grandes batailles qu'elle perdit, ses places et quelques-unes des plus fortes de la Hollande tombèrent sous les armes victorieuses des Français ; et elle se vit obligée de faire la paix, qui ne lui coûta que Parme et Plaisance, qui furent donnés à l'infant d'Espagne don Philippe. Cette paix fut signée à Aix-la-Chapelle en 1748.

Il semblait que rien ne pouvait rapprocher la France de l'Autriche : une ancienne inimitié les séparait ; celle-ci avait fait à la première plus de vingt-cinq ans de guerres cruelles pendant ce siècle à demi écoulé. Ce fut un spectacle étonnant de voir en 1756 ces deux puissances s'unir par le traité de Versailles. Elles conclurent une alliance offensive et défensive, se garantirent mutuellement leurs Etats, et s'obligèrent à se fournir en cas d'attaque, 24,000 hommes de troupes ou 192,000 florins par mois (1).

La guerre était commencée depuis l'année précédente entre la France et l'Angleterre : celle-ci avait fait une alliance offensive et défensive avec la Prusse, qui, alarmée par les négociations secrètes des cours de Vienne et de Versailles, dont elle savait qu'elle était le but, crut devoir chercher un appui, lorsqu'elle perdait celui de la France dont elle devait être l'alliée naturelle.

______

(1) Le prince de Kaunitz fut l'auteur de ce traité désastreux pour la France, et qui, comme on le verra, eut pour elle les conséquences les plus funestes. C'est à Austerlitz, dont le château lui appartenait, qu'il est enterré, et c'est sur ses cendres que s'est donnée la bataille à jamais mémorable de ce nom, qui a fait expier à l'Autriche tous les abus qu'elle a faits de ce traité fatal.

(11)

On ne peut concevoir quel motif avait pu faire conclure à Louis XV un traité si contraire à ses intérêts, et le porter à chercher à écraser la seule puissance qui pouvait, en Allemagne, s'opposer à la maison d'Autriche, dont la haine ancienne lui était bien connue. Une alliance aussi impolitique eut l'issue qu'on en devait attendre : malgré l'accession de la Russie, et les premiers succès que l'on eût, la France, qui n'avait pas voulu s'en tenir au rôle d'auxiliaire et qui avait couvert l'Allemagne de ses armées, fut obligée de terminer une guerre désastreuse par la paix la plus honteuse, signée à Paris en 1763 ; elle lui coûta le Canada, l'Acadie, le cap Breton, etc., *mais elle ne coûta rien à l'Autriche,* qui s'assura au contraire de la voix de la Prusse pour faire élire l'archiduc Joseph, roi des Romains.

Dès lors commença la triple alliance entre l'Autriche, la Russie et la Prusse : celle-ci qui vit qu'elle ne pouvait faire aucun fonds sur la France, conclut en 1764, à Pétersbourg, un traité avec l'impératrice Catherine de Russie. Cette princesse, à la mort d'Auguste II, roi de Pologne, avait fait élire Stanislas Poniatowski. Depuis le commencement de ce siècle, la Russie s'était toujours mêlée des affaires de la Pologne ; elle leur avait donné des rois, elle avait usurpé la suzeraineté de la Courlande, vassale de la Pologne ; elle avait dans tous les temps montré le plus grand désir de s'immiscer dans les affaires de l'Europe, et pour cela, elle avait voulu acquérir une voix à la diète de l'Empire, mais la résistance générale qu'elle avait éprouvée lui avait fait abandonner, ou du moins différer ce projet. Unie depuis long-temps à la maison d'Autriche, elle resserra encore ses liens.

Celle-ci, qui avait entraîné la France dans le malheur par son alliance, la traita depuis avec la plus grande inconsidération, et ne fit jamais valoir le traité de Versailles que lorsqu'il pouvait lui être personnellement avantageux. On en vit un exemple dans les troubles de Pologne.

Les grands de ce royaume, mécontens de l'influence que Stanislas Auguste laissait prendre aux Russes, déjà trop puissans dans leur pays, se confédérèrent et recoururent au roi de France pour être soutenus. Ce prince y trouva une opposition formelle de la part de l'empereur, qui désirait fomenter les troubles de la Pologne et en tirer parti de concert avec la Russie. Louis XV refusé, se contenta d'envoyer aux confédérés de l'argent et quelques hommes, qu'il désavoua lorsque le sort des armes les eut fait tomber entre les mains des Russes. Il se lassa même bientôt de ce léger effort : les Polonais furent écrasés par les troupes que la Russie fit marcher contre eux.

Cette puissance depuis l'essor que lui avait donné Pierre, n'avait pas perdu de vue le projet formé par ce prince, de se mettre en mesure de se mêler des affaires de l'Europe. Repoussée dans toutes les tentatives qu'elle avait faites pour acquérir quelques possessions dans l'Empire, elle avait jeté les yeux sur la Pologne, sur laquelle elle avait acquis une grande prépondérance, et elle forma le projet d'en envahir une partie pour se rapprocher des puissances limitrophes de ce royaume. Afin de diminuer les obstacles qu'elle pouvait rencontrer, elle associa l'empereur Joseph II à son projet. Ce prince, dévoré d'ambition et du désir de s'agrandir, ne vit pas combien il était dangereux pour lui de se donner un voisin puissant et entreprenant, au lieu d'un État faible et déchiré par des discordes intestines. Il adopta vivement le projet de la Russie.

Frédéric II, qui avait toujours les yeux ouverts

sur ce qui se passait en Europe, éventa le com-
plot ; moins aveugle que Joseph II, il aurait
voulu s'y opposer, et il s'adressa à la France ;
mais Louis XV, vieux et peu porté pour la
guerre, se contenta de faire quelques efforts au-
près de l'Autriche en faveur de la Pologne : ils
furent mal reçus. Cette puissance, abusant de
l'ascendant que la France lui avait laissé prendre
depuis le traité de 1756, refusa de céder à ses
trop faibles représentations. Le roi de Prusse se
voyant sans espoir de ce côté, aima mieux s'unir
aux puissances qui voulaient partager la Pologne
et en prendre sa part, que de rester en butte à
leur inimitié. Le triumvirat des puissances se
consolida ; cette faible monarchie en devint la
victime, et son premier partage ouvrit à la Russie
l'entrée de l'Europe.

Dès lors l'équilibre qu'on avait prétendu établir fut rompu ; la Prusse et l'Autriche acquirent
chacune plus de deux millions de sujets, sans
qu'il y eut aucune compensation pour la France.

La Pologne ne fut pas la seule puissance sa-
crifiée à la maison d'Autriche par le cabinet de
Versailles : pour retarder les projets ambitieux
de la Russie, il avait fait prendre les armes contre

elle aux Turcs, mais la même condescendance les lui fit abandonner aux armes des Russes, qui les obligèrent, en 1774, à signer un traité qui consacra l'indépendance de la Crimée. Indépendance illusoire !... Catherine II força bientôt le Khan *à lui faire une cession volontaire de ses États.*

Louis XV mourut en 1774 : Louis XVI, son petit-fils, monta sur le trône, et la France sembla d'abord prendre une nouvelle existence. La marine fut remontée, et elle put jouer un rôle dans la guerre que l'Angleterre faisait à ses colonies, dans laquelle le roi de France avait pris part. Mais on vit bientôt que le système de faiblesse pour la maison d'Autriche était le même. Malgré le traité d'alliance offensive et défensive elle refusa le subside stipulé, et de prendre part à la guerre de la France avec l'Angleterre. Sur ces entrefaites, l'électeur de Bavière mourut sans enfans : cet événement, prévu par les traités de Munster et d'Osnabruck, devait réunir sur la même tête les électorats du Palatinat et de Bavière pour n'en faire qu'un. Joseph II crut le moment favorable au projet chéri de sa maison, l'envahissement de la Bavière. La France lui était asservie et d'ailleurs occupée de la guerre contre l'Angleterre ; il entra donc à main armée dans cet électorat ; mais Frédéric II, qui vit bien qu'il fallait arrêter ce jeune ambitieux, dans ses projets d'agrandissement, prit les armes en faveur de l'électeur Palatin. Cette guerre fut très-courte, et elle fut terminée en 1778 par la paix de Teschen, conclue sous la médiation de la France, qui fit encore céder l'Inn-Viertel à l'Empereur.

Louis XVI persévéra dans ce système de faiblesse : en 1785 Joseph II voulut forcer les Hollandais à lui laisser la libre navigation de l'Escaut, que les traités, par lesquels il possédait les Pays-Bas, lui avaient expressément ôtée. Louis arma d'abord en faveur des Hollandais, qui avaient réclamé sa garantie et sa protection ; mais bientôt cédant à l'ascendant fatal de l'Autriche, il obligea la Hollande à faire la paix, et à démolir les forts qui bloquaient Anvers.

Peu après il abandonna encore la Turquie, qu'il avait flattée de son appui, et qui, dans cette espérance, ayant repris les armes, était attaquée par la Russie et l'Autriche. L'honneur et l'intérêt de sa couronne lui dictaient d'armer en

sa

sa faveur, mais l'Autriche lui fit encore tomber les armes des mains. La Porte n'eut que le faible secours de la Suède, qui se voyant abandonnée, fit la paix séparée avec la Russie.

Nous sommes arrivés à l'époque de la révolution française; mais avant d'entrer dans les événemens qu'elle amena, il est bon de jeter un coup-d'œil en arrière et de résumer les faits.

L'on voit que la maison d'Autriche, toujours l'ennemie de la France, pendant la moitié de ce siècle, succomba toujours dans les entreprises qu'elle fit contre elle les armes à la main. Il semble qu'alors fatiguée de tant d'inutiles efforts, elle ait changé de système, et pris le voile de l'amitié pour la ruiner plus sûrement. Elle l'entraîne d'abord dans une guerre aussi désastreuse qu'impolitique, contre la Prusse; l'aveugle ensuite sur ses intérêts, lui fait abandonner ses vrais alliés à ses vues perfides et ambitieuses, enfin ne dissimulant pas même sa haine, la sacrifie en toute occasion à la Russie, qui s'était toujours montrée son ennemie.

La conduite de Catherine II, et de ses prédécesseurs, n'avait pas été moins suivie; les yeux fixés sur l'Europe et la Turquie, ils avaient

C

voulu entrer dans l'une et conquérir l'autre.
Sans l'établissement de Pierre I.er, à Pétersbourg, la Russie devait toujours être étrangère
à l'Europe : les fautes de Charles XII, roi de
Suède, lui donnèrent occasion de faire des conquêtes sur cette puissance, qui, affaiblie par ses
pertes, et sur-tout par le Gouvernement qui la
régit à la mort de ce prince, perdit une partie
de ses Etats, et se vit au moment d'être entièrement conquise par les Russes.

La Russie s'empara de la suzeraineté de la
Courlande, vassale de la Pologne, se rendit l'arbitre du sort des Rois de cet ancien royaume,
et bientôt envahit une bonne partie de son territoire, ce qui la rapprocha de deux des grandes
puissances de l'Europe.

Maîtresse de la Crimée, elle fit des établissemens dans la Mer - Noire, y construisit des
vaisseaux de ligne, et fit trembler le Turc dans
Constantinople. Jalouse d'avoir un port dans la
Méditerranée, elle profita du moment où ses
flottes y étaient pour la guerre de Turquie; elle
fomenta les troubles qu'avaient fait naître à
Malte des disputes de jurisdiction entre les au-
torités temporelle et spirituelle; et sans la rapi-

dité avec laquelle on mit fin à une révolte, qui avait commencé d'une manière dangereuse, animée sous main par son envoyé, peut-être cette île serait-elle tombée en sa puissance.

Alliée inséparable de l'Autriche, on devait trembler pour les suites d'une telle union ; et l'envahissement de l'Empire turc était le projet que Catherine II cachait le moins.

La Prusse s'était vue forcée de se jetter dans cette alliance, qui pouvait un jour devenir funeste pour elle ; mais ne pouvant pas compter sur l'appui de la France, elle ne voulait pas s'en séparer. L'on a vu cependant que Frédéric II tenait les yeux ouverts sur les projets de l'empereur et qu'il ne voulait pas lui permettre de s'agrandir en Allemagne. Ce prince venait de mourir, et Frédéric-Guillaume, son successeur, fit une épreuve personnelle de la nullité de la France, en soumettant au pouvoir absolu du Stathouder, les Hollandais qui voulaient mettre des bornes à son autorité. La France les avait excités et leur avait promis du secours ; elle devait assembler un camp à Givet, il ne fut jamais qu'en projet. Frédéric-Guillaume fit entrer ses troupes en Hollande, la soumit et la pilla, sans qu'elle fut secourue. *L'entremise de l'Autriche paralysa tout*, et les démonstrations qui avaient été faites devinrent une nouvelle preuve de l'asservissement et de la dégradation de la France.

Je n'ai pas parlé de l'Angleterre ; elle n'avait pris aucune part apparente aux événemens qui avaient eu lieu depuis la paix qui avait consacré l'indépendance de l'Amérique septentrionale. Elle jouissait en silence du plaisir de voir sa rivale descendre du haut rang que sa situation, sa force et ses richesses lui donnaient parmi les puissances ; mais elle avait vu avec peine les plans d'agrandissement formés par la Russie, et elle avait contribué à exciter la Suède à prendre les armes contre elle, pendant que Catherine II faisait la guerre aux Turcs. L'Angleterre s'occupait à réparer le mal que lui avait fait la perte de ses colonies, et à se prémunir contre les dangers que pouvait faire courir à ses possessions de l'Inde, l'empire de Mysore, qu'avait fondé Hyder-Ali, et la haine de son fils Typpo-Saïb, qui venait de lui succéder, et d'envoyer des ambassadeurs à Louis XVI pour lui proposer un traité d'alliance.

Telle était la situation des principales puissances de l'Europe au moment de la révolution. Je n'entreprends pas de développer sa marche ni ses effets ; je ne cherche qu'à faire voir la marche politique des puissances envers la France et à déduire de celle qu'elles ont tenue avant et après la révolution, la conduite qu'elles lui imposent, pour mettre un terme à leurs projets d'envahissement, et rendre leur haine impuissante.

Je ne suis qu'un soldat, éloigné des affaires du gouvernement, mais j'écris à l'aspect des trophées amoncelés par le grand NAPOLÉON, au milieu de l'Autriche, qui fut sa conquête, et qui est encore pleine de ses troupes. Quel est le Français dont l'ame insensible ne s'élève pas au milieu de tant de hauts faits, et qui ne cherche pas à se pénétrer de ce que peut devenir sa patrie dirigée par le premier des guerriers, et gouvernée par le souverain le plus habile ?....

L'Angleterre au début de la révolution sembla d'abord ne vouloir prendre aucun parti, mais son or servait à fomenter les troubles qui déchiraient la France, et elle attendait le moment favorable pour lui porter des coups plus dangereux.

L'Autriche, d'abord occupée de la guerre con-

tre les Turcs, qui avait eu des commencemens
malheureux, et de la révolte des Brabançons,
lorsqu'elle eut fait sa paix avec les premiers
et soumis les autres, en protestant qu'elle ne
voulait pas se mêler des troubles de la France,
faisait des mouvemens de troupes, accueillait
et favorisait les émigrés, et elle fit une nouvelle
alliance avec la Russie et la Prusse, à laquelle
accédèrent d'autres puissances.

Catherine II était loin de vouloir prendre une
part active aux événemens qu'elle prévoyait et
à une guerre dont elle ne pouvait tirer aucun
avantage ; mais la Pologne s'agitait, et elle es-
pérait profiter de ses mouvemens pour envahir
la plus belle partie de ce qui en restait. Elle
fit beaucoup de bruit contre la France, excitant toutes les puissances à prendre les armes
contre elle : les papiers publics ne parlaient que
des armées innombrables qu'elle envoyait en
Europe ; mais il n'en parut aucune : enfin lorsqu'elle vit la guerre bien entamée et les premiers
succès des Français, elle entra en Pologne pour
accabler les malheureux Polonais, qui tâchaient
de sortir de l'État d'abjection dans lequel ils
étaient tombés. Ils succombèrent : Catherine

prononça l'anéantissement de cette puissance (1).
Elle s'appropria la plus belle partie de ce qui
restait de ses Etats, et invita ses deux alliés à
se partager le reste ; ce qu'ils firent. Mais elle
leur laissa vuider leur querelle avec la France,
et épuiser leurs forces dans une guerre malheu-
reuse, dont le résultat devait être de lui donner
la plus grande influence et une supériorité assurée sur ces puissances, dont ce dernier partage
l'avait rendue limitrophe.

L'événement justifia la prévoyance de Catherine II : la Prusse qui la partagea, quoiqu'un
peu tard, se retira au bout de quelque temps
de la coalition, dont l'Angleterre était devenue
membre et en quelque sorte le chef, puisqu'elle

____

(1) Si dans le cours d'une longue guerre, les français,
entraînés par la juste vengeance des maux qu'on leur
avait fait souffrir, par les haines qu'on avait provoquées
et par les projets insultans des puissances coalisées, ont
renversé des trônes et des souverains, le signal et l'exemple lui en ont été donnés par ces mêmes puissances qui
montrent aujourd'hui un zèle si ardent pour les princes
dépouillés ; avec cette différence, que la destruction du
trône de Pologne est le résultat d'un froid calcul d'ambition contre un Etat faible et paisible.

soudoyait toutes les puissances qui en faisaient partie. Mais l'Autriche, aveuglée par sa haine contre la France, et qui, sous prétexte de protéger la famille royale, formait de vastes projets de conquêtes, qu'elle ne savait pas dissimuler, se vit battue en Allemagne et en Italie. Celle-ci fut conquise avec la rapidité de l'éclair par Bonaparte, qui mena les Français de victoires en victoires aux portes de Vienne, où il donna la paix à l'Empereur.

Cette paix ne fut pas de longue durée : Bonaparte envoyé à de nouveaux triomphes dans l'Orient, vit détruire à Aboukir la flotte qui avait conduit son armée en Egypte. L'Europe le crut perdu à jamais : l'Angleterre ranime les espérances de l'empereur, lui prodigue ses trésors pour lui faire reprendre les armes et détermine enfin la Russie à agir offensivement pour la coalition, de concert avec la Turquie.

Catherine II, morte subitement, avait laissé le trône à Paul I.er, son fils, qui perdant de vue la politique de sa mère, et animé par des idées chevaleresques, envoya une puissante armée en Italie, pour agir de concert avec les Autrichiens. Quelques succès les enivrèrent d'abord :

mais

mais BONAPARTE, qui se voyait paisible maître de l'Egypte, après avoir anéanti une puissante armée turque, qui venait, soutenue par la flotte anglaise, pour la lui enlever, vola au secours de sa patrie désolée ; à son arrivée tous les yeux se tournèrent vers lui : et bientôt dépositaire de l'autorité sous le nom de Consul, il rendit aux armes françaises leur éclat. Le gain de la bataille de Marengo lui soumit presque toute l'Italie : en Suisse, en Allemagne et en Hollande de pareils succès abattirent la coalition, qui fit de vains efforts pour se relever. Les Russes se retirèrent, et l'empereur d'Allemagne fut encore obligé de demander la paix que BONAPARTE lui accorda généreusement à Lunéville.

Cette guerre, quoique désavantageuse aux Russes, les a cependant favorisés dans un de leurs projets, celui d'obtenir le passage par les Dardanelles. De concert avec l'Autriche et l'Angleterre, elle entraîna la Porte dans la coalition, et la décida à déclarer la guerre à la France. Alors sous le prétexte de l'alliance, elle demanda pour ses vaisseaux de guerre le passage par le canal de la Mer-Noire et les Dardanelles, qu'elle n'avait jamais pu obtenir. Le Turc n'osa pas le refuser,

D

et dès lors les Russes envisagèrent la possibilité de faire tomber Constantinople dans leurs mains, sans recourir à des armemens, qui auraient sûrement alarmé une partie de l'Europe. La conduite d'Alexandre, fils et successeur de Paul I.er, prouve qu'il a voulu développer et mettre à exécution ce projet.

Il semblait que rien ne pouvait plus rompre la paix conclue à Lunéville : la puissance de l'Empereur avait été généreusement augmentée, des indemnités considérables avaient été accordées à sa famille et à lui ; le plus grand accord régnait entre la France, l'Autriche et la Russie dans le traité des indemnités : enfin, on la devait croire solide, lorsque l'or et la haine de l'Angletere embrasèrent de nouveau l'Europe, et l'armèrent pour soutenir la perfidie avec laquelle elle avait rompu un traité à peine conclu. Une nouvelle coalition fut ourdie dans le silence ; et tandis que NAPOLÉON, plein de confiance dans les assurances de paix qu'il recevait du continent, ne s'occupait que de l'idée de venger l'Europe et la France des perfidies de l'Angleterre et de ses attentats contre la liberté des mers, des armées innombrables se préparaient à l'accabler.

La Russie fut la première séduite : elle avait pendant la paix commencé à mettre à exécution ses anciens projets favoris d'envahissement sur l'empire ottoman, et d'établissement dans la Méditerranée. Elle s'était emparée peu-à-peu de la république des Sept-Isles, dont l'existence indépendante était assurée par le traité d'Amiens et garantie par la France : elle était entrée dans l'Albanie ; elle entretenait des liaisons avec les rebelles de l'empire turc ; enfin elle avait des émissaires dans les îles de l'Archipel, qui travaillaient en sa faveur. D'un autre côté, elle avait usurpé le passage pour ses vaisseaux de guerre par le détroit des Dardanelles, par lequel elle faisait sans cesse filer des troupes, qu'elle entassait à Corfou, et elle faisait des établissemens sur le territoire turc dans la Mer-Noire.

Malgré la patience avec laquelle le premier Consul avait souffert tant d'infractions aux traités, et d'actions contraires aux vrais intérêts de la France, l'empereur Alexandre se laissa aller à la séduction et à l'or des Anglais ; il entraîna l'empereur d'Allemagne dans ses vues ; et sous le prétexte d'une médiation, il crut pouvoir parler en maître à celui à qui la victoire avait si souvent donné ce droit.

NAPOLÉON, appelé par le vœu des Français au trône impérial, répondit par de nouveaux triomphes à ce langage insultant, et bientôt Alexandre apprit qu'il était plus aisé de le menacer que d'effectuer ses menaces. Vaincu à Austerlitz, il sut employer la médiation de l'empereur d'Allemagne, compagnon de sa défaite, pour obtenir la permission de se retirer dans ses Etats avec les débris de son armée, qui se trouvait sans artillerie, sans bagages et sans munitions, enveloppée et cernée par l'armée victorieuse du Héros qu'il avait osé braver (1).

L'empereur d'Allemagne demanda et obtint la paix : par cette paix il a cédé le Tirol à la Bavière, les états vénitiens au royaume d'Italie ;

---

(1) N'aurai-je pas l'air de dire un paradoxe en assurant que la perte de la bataille d'Austerlitz a pu être favorable à l'empereur d'Allemagne ? Qui peut cependant douter, que ce prince voyant l'Autriche et sa capitale au pouvoir de son ennemi, qui le poursuivait dans ses provinces le plus reculées, n'eut désiré traiter avec lui, mais que retenu par la crainte d'Alexandre, au-

ses états de Souabe, et tout ce que l'on appelait l'Autriche antérieure, sont cédés et partagés entre les rois de Bavière, de Wurtemberg, et l'électeur de Bade. La cession du Tirol établit une puissante barrière entre l'Autriche et l'Italie, dans laquelle elle ne peut plus avoir d'accès que par la partie du Frioul, qui lui appartient, et par la Carniole. La cession de la Souabe lui ôte tous ses points de contact avec la France, qui voit entr'elle et son ancienne ennemie deux rois et un électeur, qui lui doivent le rang qu'ils occupent avec un grand accroissement de territoire, et qui, ennemis naturels de l'Autriche, des possessions de laquelle se compose une grande partie de leurs domaines, doivent toujours regarder la France comme leur protectrice.

Par cette disposition l'Empereur Napoléon, aussi habile à faire la paix que prompt à vaincre

---

quel il s'était livré avec le peu des troupes qui lui restaient, il n'ait plus d'une fois senti combien il est dangereux de se mettre dans les mains d'un allié trop puissant. J'ose donc dire, que Napoléon a été le libérateur de l'empereur d'Allemagne, comme celui-ci l'a été par sa médiation de l'empereur de Russie.

ses ennemis, a couvert d'une ligne d'alliés, sa frontière du Rhin jusqu'à Mayence, ainsi que la Suisse et l'Italie.

Il n'y a plus qu'un prince puissant, le roi de Prusse, qui puisse lui donner de l'inquiétude pour ses frontières de la partie inférieure du Rhin. Ce prince, qui s'est uni à la Saxe et à l'électeur de Hesse, voudrait-il renoncer à l'alliance de la France, et à la conduite qu'il mène depuis long-temps?... Quel en serait le but?... Seul il n'est pas en état de lutter contre la France et ses alliés : voudrait-il se jeter dans l'alliance de la Russie?... Il semble qu'il connaît trop bien ses intérêts pour se donner une alliée si dangereuse, dont il ne peut que craindre l'ambition pour ses États de Pologne (1), tandis que la politique de la France doit tendre à maintenir sa puissance pour l'équilibre de l'Allemagne. Quel avantage l'Autriche a-t-elle tiré de cette

------

(1) Le bruit qui se répand que l'empereur Alexandre veut assembler les États de Pologne à Wilna, et s'en faire élire roi, vient à l'appui de ce que je dis. Jeune et entouré de flatteurs, ce prince veut être conquérant, et croit pouvoir, sous un phantôme d'élection, dé-

armée de 120,000 Russes, qui est venue à son secours? Elle a vu ravager ses Etats par ces alliés, qui n'ont pas pu retarder d'un moment sa chûte. Le roi de Prusse ne doit donc pas se séparer de la France; il doit au contraire resserrer les liens qui l'unissent à elle, et éviter tout ce qui peut les rompre.

Pour rendre la paix entre la France et la Prusse solide, il convient d'en disposer les frontières comme elles le sont à l'égard de l'Autriche, c'est-à-dire de les séparer en rejettant celle de la Prusse vers le Nord. Il est temps d'ôter aux Anglais toute communication avec l'Allemagne, en privant la maison régnante eu Angleterre de l'Electorat de Hanovre et de ses états allemands. Cet Electorat, auquel on joindrait la poméranie suédoise, peut être consacré à indemniser le roi de Prusse de la portion de ses Etats de Westphalie, et des Margraviats d'Anspach et de

---

pouiller ceux qui aidèrent son aïeule à renverser ce trône et qui en partagèrent les débris; mais l'Empereur des Français, garant de l'intégrité des États de l'Autriche, et qui par le nouveau traité avec la Prusse la garantira aussi, souffrira-t-il cette spoliation?

Bareuth, dont il devra faire la cession : ceux-ci pour donner à la Bavière, afin de fermer toute communication à la maison d'Autriche avec l'Electorat de Wurtzbourg (donné à un de ses princes) et avec la Franconie (1), les autres pour donner à la Hollande.

Cette république dont le traité de Presbourg vient encore de consacrer l'indépendance, ne peut l'acquérir entièrement que lorsque sa frontière sera déterminée d'une manière qui ne pourra recevoir aucune atteinte : elle est loin d'avoir cette détermination.

La Belgique fait partie de la France, et l'Escaut, qui est un fleuve français, doit l'être entièrement jusqu'à la mer. Sa rive gauche seule fait partie de l'Empire et la Zélande est à la république batave. C'est en vain que l'Empereur des Français veut faire d'Anvers un grand port de commerce et de construction, et qu'il projette d'établir un port militaire à Terneuse ; si la Zélande n'est pas une province française, il aura sans cesse à lutter avec la république batave et se verra forcé d'occuper les ports de

____

(1) Cette partie du projet vient d'être exécutée.

cette

cette province, contre laquelle la navigation ramène sans cesse. La paix ne peut être solide que lorsque les Etats sont limités de manière à étouffer toute semence de mésintelligence ; la Zélande doit donc faire partie de la France, je dis même plus, c'est qu'on doit lui donner tout le Brabant Hollandais, et les îles jusqu'à l'embouchure de la Meuse ; en sorte que ce fleuve devienne sa limite au nord, jusqu'à l'endroit où le Waal y tombe, elle le suivrait ensuite jusqu'au Rhin. La frontière déterminée de cette manière augmenterait le territoire de la France, mais elle ajouterait bien peu à sa puissance. Au dégré où elle est parvenue, quelques lieues carrées de plus ajoutées à son territoire, ne sont pas d'un grand poids dans la balance, tandis qu'il importe beaucoup à l'Europe de lui voir une frontière précise, convenable, et qu'elle n'ait aucun intérêt à franchir.

La République batave serait indemnisée de cette cession par l'Oost-Frise, le Jeverland, la partie du comté d'Oldembourg avec la ville de ce nom, jusqu'à la rivière de Honde, qui tombe dans le Weser, qui servirait de limite jusqu'à la mer. Cette partie serait terminée au sud par une ligne qui irait d'Oldembourg le long de la Léda, jusqu'à son embouchure dans l'Ems. La frontière batave serait portée à l'est sur la rive gauche de l'Ems, jusqu'à l'endroit où la Verse y tombe ; elle suivrait ensuite cette rivière jusqu'à Drensevert, et de là une ligne jusqu'à Ham sur la Lype, et la rive droite de cette dernière rivière jusqu'à son embouchure dans le Rhin, ferait sa limite au sud. Cette portion de pays est plus étendue et bien préférable par sa nature aux îles qu'elle abandonnerait, et qu'elle est obligée de disputer à la mer.

Les possesseurs des petits états englobés dans cette disposition, seraient indemnisés dans les pays qui s'étendent le long du Rhin jusqu'à Mayence, en sorte qu'il n'y aurait sur la rive droite de ce fleuve qu'une ligne d'états alliés, ou trop faibles pour être redoutables. On pourrait par là former l'espérance d'éloigner toutes les guerres du continent, ou du moins ne seraient-elles pas dangereuses pour la France, qui n'aurait pas à craindre de voir ses frontières assaillies à l'improviste.

Il ne faut pas se faire d'illusion ; l'empire fran-çais, que la nature a placé d'une manière si favorable, fut de tout temps l'objet de la jalousie et en butte aux coalitions des puissances de l'Europe. Ce n'est pas lorsque son empereur l'élève au plus haut point de gloire, qu'il peut se flatter d'éteindre ce sentiment, mais il doit en comprimer les effets et attendre du temps sa justification. On verra que s'il cherche à asseoir ses frontières d'une manière fixe et sûre, c'est qu'il veut s'imposer la loi de ne pas les franchir, et qu'il ne veut employer sa puissance qu'à maintenir la paix du continent, sur lequel il a toujours les yeux ouverts.

Des projets très-étendus ont été formés par les puissances du premier ordre, et pour se dérober aux inquiétudes qu'ils devaient exciter, elles ont cherché à fixer tous les yeux sur la France. L'Angleterre a usurpé la souveraineté des mers. Le vaste empire du Mogol, et toute la Presqu'île de l'Inde sont sous sa puissance; ses colonies s'étendent sur le continent de l'Amérique, où elle possède des pays immenses, dont la plus grande partie fut arrachée à la France; un grand nombre des îles de ces mers lui appartiennent; elle couvre l'Afrique de ses comptoirs, et l'Océan Indien de ses colonies; elle possède Gibraltar, elle a gardé Malte contre la foi des traités ; et elle accuse la France d'ambition !

L'Autriche s'est vue bornée dans ses projets par la valeur du Français, mais elle tendait à une grande extension de territoire, dont il lui reste le tiers de la Pologne, dont elle s'est emparée, et l'Inn-Viertel qu'elle s'est fait céder.

La Prusse, outre sa part de la Pologne, s'était fait céder l'Anspach et le Bareuth par un prince de sa maison.

La Russie, accrue des plus belles provinces de la Pologne, de la Crimée, de la Courlande, d'une partie de la Perse, sur laquelle elle cherche encore à étendre ses conquêtes, de la Georgie, d'une partie de l'Arménie, de la république des Sept-Isles, et qui s'est jetée dans l'Albanie, ose reprocher à la France son ambition !

Napoléon n'a fait que rendre à son empire le rang qui lui appartenait et dont les grandes puissances, ses rivales, avaient voulu le faire descendre par les accroissemens considérables qu'elles avaient pris. Tranquille pour ses états, il portera ses regards sur le reste de l'Europe et sans doute la situation de la Turquie frappera ses yeux.

Cet empire, après avoir fait trembler l'univers pour sa liberté, est tombé dans un dégré de faiblesse, qui peut faire croire à sa chûte prochaine. Déchiré par des révoltes intérieures, sans force et sans énergie, il voit ses Pachas s'ériger en souverains dans leurs gouvernemens; des sujets rebelles tels que Passwan-Oglou et Czerni-Georges, fonder des états au milieu des siens, la Moldavie et la Valachie prêtes à lui échapper; et la Russie fomentant tous les troubles et en excitant de nouveaux, se placer au milieu de ses états pour accélérer la destruction de son pouvoir et s'emparer de ses dépouilles. Convient-il à la France de laisser tomber cet empire, et sur-tout que ses débris servent à augmenter la puissance de ses ennemis; car l'Autriche serait sûrement associée à ce projet? L'occupation de Constantinople et de l'Archipel par la Russie, anéantirait le commerce de la France dans la Méditerranée, qui désormais doit être une mer Française, puisque toutes ses côtes font partie du grand empire ou des royaumes d'Italie, ou sont soumises à l'Espagne son amie et son alliée.

Dans la situation où se trouvait la marine française, il était difficile que l'empereur inter-

vint dans les affaires de Turquie, sans le con-
cours de l'empereur d'Allemagne ; mais aujour-
d'hui il est, par la Dalmatie et l'Istrie, devenu
limitrophe de l'empire Ottoman, et placé à 150
lieues de Constantinople, il peut donc influer
sur son sort d'une manière puissante. Il fera
sortir les Russes de la mer Adriatique, dans
laquelle ils ont usurpé Corfou et les Isles qui en
dépendent ; il les renverra de l'Albanie dans laquelle ils commencent à former des établissemens et où ils lèvent des troupes ; enfin, il mettra
un terme à la domination qu'ils se sont arrogée
sur la Porte. Si NAPOLÉON n'y met ordre, bientôt l'Archipel sera sous le pouvoir des Russes, et
Constantinople cerné de toutes parts, ne pouvant plus opposer aucune résistance, tombera
sans efforts : le plan que j'ai fait connaître plus
haut s'exécute avec une rapidité effrayante.

C'est à l'Empereur des Français qu'il appartient de contenir l'ambitieux souverain du Nord
dans les vastes états qui lui sont dévolus en partage. Il ranimera le courage du Grand-Seigneur,
lui prêtera son assistance secourable pour l'arracher à sa perte imminente ; il lui fera interdire
aux Russes tout accès dans l'Archipel par les

détroits, qui leur avaient toujours été fermés, et il l'aidera à les fermer de nouveau sans qu'il ait rien à redouter du courroux des Russes. Rien n'est plus aisé que de leur interdire ces passages. Ils ne pourront plus alors pénétrer dans la Méditerranée qu'en passant par le détroit du Sund, et en traversant le grand Océan pour gagner le détroit de Gibraltar.

Si, par un effet de sa puissance et par l'influence que doit faire acquérir à l'Empereur des Français son amour pour la paix et sa modération reconnue, il parvenait à leur faire naître des obstacles pour le passage du Sund, relégués dans leurs climats glacés, les Russes reprendraient le rôle que leur situation leur donne, celui d'une puissance Asiatique.

Quel besoin l'empereur de Russie a-t-il de faire des conquêtes ?... Il est à peine séparé de l'Amérique, il touche à la Chine, à la Perse, à la Turquie, à l'Autriche et à la Prusse ; il joint les points les plus éloignés de l'univers, dont il possède un des plus vastes empires. Qu'il rende heureux les sujets qui l'habitent ; qu'il éclaire et civilise les peuples barbares qui lui sont soumis ; qu'il imite Napoléon ; que des travaux utiles vivifient son empire ; qu'ils en rende les communications faciles, soit par de belles routes, soit par les riches fleuves que la nature lui a départis. C'est alors qu'il deviendra véritablement puissant, et non pas en envoyant des hordes barbares dans l'espoir de faire des conquêtes en Europe, où elles ne trouvent que des fers et la mort.

On a vu quelles ressources le traité de Presbourg, fruit des victoires de l'Empereur des Français, lui donnait pour soutenir l'empire Ottoman, qui semble toucher à sa ruine : mais si malgré ses puissans efforts, ses secours et ses conseils, le Grand-Seigneur, trahi par un divan, et des ministres vendus à l'Angleterre et à la Russie, ne pouvait pas reprendre l'ascendant que la vaste étendue de ses états doit lui donner, et que sa ruine fut inévitable, la France ne peut pas, simple spectatrice de sa chûte, laisser ses ennemis s'approprier les parties de cet empire qui peuvent leur convenir, et former à leur gré, des états nouveaux de ses débris. Au dégré de gloire où NAPOLÉON l'a portée, si elle ne doit pas dicter les lois sur cet événement important, au moins elle doit intervenir d'une manière puis-

sante

sante dans les arrangemens nouveaux auxquels il doit donner lieu; sa situation par le royaume d'Italie lui en donne le droit et les moyens.

Il faut d'abord savoir si, dans le cas où le Turc inhabile à soutenir son gouvernement, en laisserait échapper les rènes , la politique ne demande pas que l'on maintienne à l'extrémité de l'Europe et aux frontières de l'Asie, un empire puissant, capable de balancer les forces des Russes, dont il est limitrophe sur un grand espace, et d'empêcher qu'ils prennent trop d'extension en Asie. Si cette question est décidée à l'affirmative, comme il paraît qu'elle doit l'être, dans quelles mains cet Empire sera-t-il remis?.. La Russie a des possessions trop vastes et touche par trop de points à la Turquie, pour qu'on puisse y appeler un de ses princes. Ces deux Empires n'en feraient qu'un, qui mettrait en danger la liberté du monde. La maison d'Autriche a donné trop de preuves de sa haine constante pour la France, pour qu'elle ne redoute pas l'accroissement immense de pouvoir que cette maison , qui tient par ses états de Hongrie à la Turquie, acquérerait par l'installation de l'un de ses princes sur ce trône.

F

C'est à la maison impériale de France qu'il appartient de relever l'Empire de Byzance, occupé, pendant un temps, par des princes de la dernière dynastie française. C'est à elle à rendre à ces belles contrées, autrefois le séjour de l'urbanité, des sciences et des arts, tout l'éclat dont elles ont brillé, et que la barbarie de ses conquérans leur a fait perdre. La séparation des couronnes de France et d'Italie, qui est assurée par le traité de Presbourg, ôte toute idée d'une réunion d'Etats trop puissans. Régis chacuns par des souverains indépendans et par leurs lois ; renfermés chacuns dans des limites invariables, ils pourront se soutenir mutuellement, mais ne se touchant que par des lignes très-courtes et formant de très-longues distances, ils ne feront pas une masse de forces aussi imposante ; il semble même qu'il serait nécessaire, pour que l'Empire de By-zance pût être mieux défendu par ses alliés, de réunir aux Etats d'Italie, qui font partie de la fédération française, les parties de l'em-pire turc qui sont entre la mer Adriatique et l'Archipel.

C'est une grande entreprise que celle de rétablir cet Empire, si celui des Turcs doit tomber; on doit en envisager toutes les difficultés. Il ne sera pas aisé d'amener à la soumission et à la civilisation les peuples divers, et en partie barbares, qui couvrent la surface des domaines de la Turquie, depuis les frontières de la Hongrie jusqu'à l'extrémité de l'Asie mineure, et jusqu'aux cataractes du Nil. La différence de religion et de langage, la diversité de celui-ci, qui est loin d'être le même parmi tous les habitans, des mœurs entièrement opposées à celles des Français ; enfin les obstacles que la Russie peut y mettre par ses armées ; puisque par la Mer-Noire, la Mer-Caspienne, la Georgie, l'Irimète, elle enveloppe l'Asie mineure, et qu'elle pourrait en peu de temps y jeter des troupes nombreuses. L'empereur d'Allemagne, s'il avait le temps de se relever de ses pertes, concourerait avec elle à mettre opposition à ce projet. Mais si l'Empereur NAPOLÉON l'entreprend, il sera exécuté. Les obstacles s'applanissent devant lui, les difficultés disparaissent, et les ennemis qui se lèvent contre lui, ne font que lui préparer de nouveaux triomphes. D'ailleurs, s'il existe des obstacles, il y a des moyens de les

lever : de nombreux chrétiens habitent dans
toutes les parties de l'empire turc , et gémissent
sous l'oppression ; ils voleront au-devant de celui
dont le nom a déjà retenti parmi eux , et qui vien-
drait pour les délivrer. Les Turcs, eux-mêmes,
savent que pendant la domination des Français
en Egypte , libres dans leur culte , tranquilles
sur leurs usages et leurs mœurs , ils ont vécu
plus paisibles que sous celle de leurs maîtres. Il
y aurait donc beaucoup de moyens d'exécution,
si le Grand-Seigneur laissait échapper sa couronne : mais il fut de tout temps l'ami de la
France , et si, depuis la révolution il s'est uni
à ses ennemis, il fut entraîné par des ministres
infidèles et perfides , forcé par la présence des
flottes anglaises et russes , et peut-être aussi
décidé par le souvenir encore récent de l'aban-
don qu'il avait éprouvé de la part de l'ancien
gouvernement français. Quand l'Empereur des
Français lui tendra une main secourable , il
n'hésitera pas à se jeter dans ses bras pour
s'arracher aux humiliations que lui fait subir
la Russie, et pour reprendre le rang qu'il s'est
laissé enlever. Avec le secours de Napoléon,
il fermera les Dardanelles, il ramènera l'ordre

dans ses Etats, et il forcera les Russes à respecter son indépendance.

Pour prix de ces importans services, on pourra
lui demander pour le royaume d'Italie, substitué
aux droits de la république de Venise, la restitution de la partie des provinces enlevées aux
Vénitiens par ses prédécesseurs, qui forment
la séparation de la mer Adriatique et de l'Archipel, y compris l'île de Négrepont : la mer,
en s'enfonçant dans le golfe de Salonique, servirait de limite jusqu'à l'embouchure de la rivière de Verdaz, qui se jette dans ce golfe, et
qu'elle remonterait jusqu'à la chaîne des monts
qui forment la séparation des eaux du Danube
et de l'Adriatique : chaîne, qui est la frontière
de la Servie et de la Bosnie. Le royaume d'Italie, étant rapproché par cette restitution à cent
lieues de Constantinople, et pouvant y commu-
niquer par terre et par mer, l'empereur turc
pourrait en tirer les secours les plus prompts
et par lui de la France.

La manière dont le roi de Naples a rompu
le dernier traité de neutralité, qu'il avait fait
avec la France, a obligé l'Empereur à faire marcher une armée contre lui ; son royaume est

conquis et doit être l'appanage d'un prince de la maison impériale. Ce royaume, qui par l'étendue de ses côtes et sa séparation de la Sicile est obligé d'avoir une marine, réunira sans doute les îles de Sardaigne et de Malte ; celle-ci est un démembrement de la couronne de Sicile. Toute la Méditeranée jusqu'à l'Archipel appartiendra, comme on l'a dit, à la France, à ses états fédératifs ou à ses alliés : quel sera le sort des puissances barbaresques dans cet état de choses ? Leurs sujets n'ont d'autre existence que la course, et l'Empereur la leur interdit presque en entier. Il leur a enjoint de respecter son pavillon et celui du royaume d'Italie. La même défense va s'étendre pour celui de Naples. L'Espagne seule resterait donc en butte à leurs pirateries : elle ne le souffrira pas. On ne peut d'ailleurs se flatter qu'ils soyent fidèles à la loi que l'Empereur leur impose, à moins que, changeant de mœurs et d'habitudes, ils ne tournent vers l'agriculture et le commerce l'esprit de rapine et de pillage dont ils sont animés. C'est une espérance bien difficile à former, et la force seule peut les y contraindre ; les armes réunies de France et d'Espagne feront cette conquête, dont elles disposeront suivant leurs vues ; elles anéantiront par-là les traités honteux qui rendent toutes les puissances commerçantes tributaires de ces barbares, et elles fonderont dans leurs ports des colonies qui ramèneront la civilisation dans cette partie de l'Afrique autrefois si célèbre.

Telles sont les idées que la puissance, les vertus et les talens du grand NAPOLÉON permettent de former à ceux qui vivent sous sa domination. Modérateur de l'Europe, c'est à lui à préparer sa tranquillité présente et future. L'on objectera peut-être que les princes de sa maison, occupant une partie des trônes de l'Europe, mettront sa liberté en danger : mais les exemples nous apprennent que du moment où les couronnes sont séparées, chaque prince gouverne suivant les intérêts de ses États, et que si quelque pacte de famille les réunit, c'est pour leur défense commune et non pour faire des conquêtes.

Charles V, réunît sur sa tête l'Empire d'Allemagne, l'Autriche avec ses dépendances ; les couronnes d'Espagne, des Deux-Siciles, de Sardaigne ; les Duchés de Milan et de Gênes, et la domination de presque toute l'Amérique méridionale ; il était maître de la Hollande , des Pays-Bas , du Comté de Flandres, du Hainaut, de l'Artois et de la Franche-Comté, tandis que son frère Ferdinand possédait la Hongrie et la Bohême. Il ne put jamais être maître de l'Europe ; cependant il ne manquait ni de génie , ni de courage , ni de l'ambition nécessaire pour exécuter un tel projet.

Toutes ces possessions sont restées plus de 150 ans dans sa maison, qui n'a profité de cette masse de puissance que pour se soutenir.

La maison de Bourbon a vu ses princes régner sur la France, accrue de plusieurs provinces par Louis XIV ; sur l'Espagne et les Indes, sur les Deux-Siciles, Parme et Plaisance, sans que la liberté de l'Europe fut compromise.

L'Europe pourra donc voir régner plusieurs princes de la maison impériale de France , sans crainte pour sa liberté , d'autant moins que leurs Etats se touchant , et ayant tous des limites naturelles, telles que des mers, des fleuves ou des grandes chaînes de montagnes, ils ne peuvent pas être tentés de les franchir. Un pacte de famille fédératif unira leurs trônes pour

leur

leur conservation, mais non pour faire des conquêtes : enfin, la puissance de cette maison maintenant l'ordre nouveau que son auguste Chef établira dans l'Europe, sera le garant de sa tranquillité.

> *TOUSARD, Colonel au corps impérial du Génie, Officier de la Légion d'honneur, commandant son Arme au 3.ᵉ corps de la Grande Armée.*

Ried, en Autriche, le 23 février 1806.

2-4

www.ingramcontent.com/pod-product-compliance
Lightning Source LLC
Chambersburg PA
CBHW050013070726
47598CB00014B/925